001

002

003

004

005

006

007

Concentric squares 1

008

009

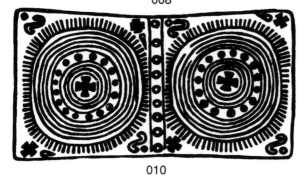

010

011

012

013

014

015

016

2 Concentric squares / spirals

017

018

020

019

021

022

023

024

025

Spirals 3

028

029

030

026

027

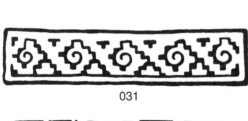

031

032

033

034

035

4 Stepped fret

036

037

038

039

040

041

042

043

044

045

046

047

048

049

Stepped fret 5

050

051

052

053

054

055

056

057

058

059

060

061

062

6 Geometric motifs

063

064

065

066

067

068

069

070

071

072

073

074

075

076

077

078

079

080

081

082

083

8 Geometric motifs

084

085

086

087

088

089

090

091

092

Floral 9

093

094

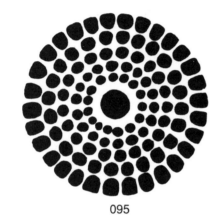

095

096

097

098

099

100

10 Floral

102

101

103

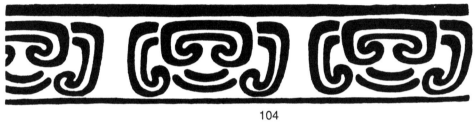

104

105

106

107

108

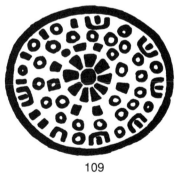

109

110

111

112

Floral 11

113

114

115

116

117

118

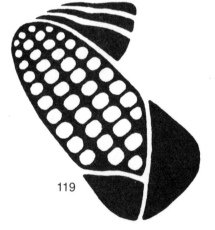

119

120

121

12 Floral

122

123

124

125

126

127

128

129

130

131

132

133

134

135

Floral 13

136

137

138

139

140

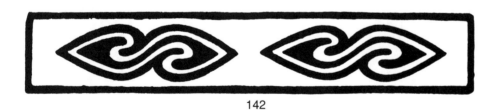

141

142

143

144

146

145

14 Blue worm

147

148

149

150

151

152

153

154

155

156

157

158

159

160

161

Blue worm 15

162

163

164

165

166

167

168

169

170

171

172

173

174

16 Shells / spiders

175

176

177

178

179

180

181

182

183

184

185

186

187

188

189

190

191

192

193

194

18 Butterflies / lobster / fish

195

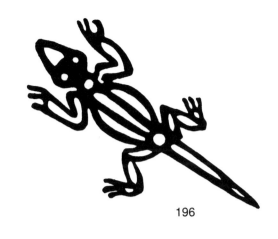

196

197

198

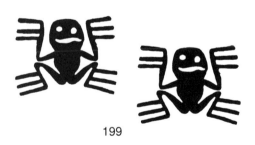

199

201

200

202

203

204

205

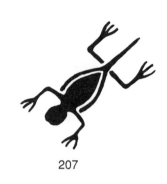

206

207

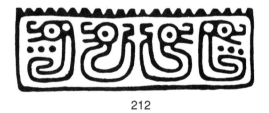

208

209

210

211

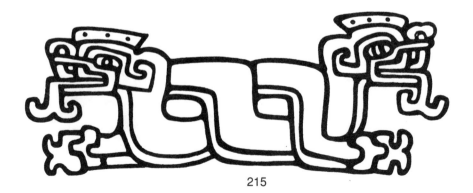

212

213

214

215

20 Lizards / serpents

216

217

218

219

220

221

222

223

Plumed serpents 21

224

225

226

227

228

229

230

231

22 Fire serpents

232

233

234

235

236

237

238

239

240

241

242

243

244

245

246

247

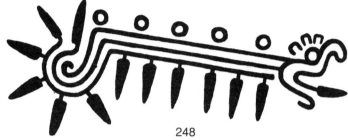

248

250

249

251

252

253

254

24 Serpents

255

256

257

258

259

260

261

262   263

264   265

266

267

268

269

270

271

272

26 Owl / eagle

273

274

275

276

277

278

279

280

281

282

283

284

Eagle 27

285

286

287

288

289

290

291

292

28 Birds

293

294

295

296

297

298

299

300

301

302

303

304

305

306

(307 area)

307

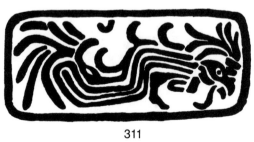

308

309

310

311

312

30 Birds

313

314

315

316

317

318

319

320

321

322

323

324

325

326

327

328

329

330

331

332

333

334

335

336

337

338

339

340

32 Birds

341

343

342

344

346

345

347

348

Dogs 33

349

350

351

352

353

354

355

34 Jaguar / tiger

356

357

358

359

360

361

362

363

364

365

366

367

368

369

Animals & birds 35

370

371

372

374

373

375

376

36 Monkeys / squirrels

377

379

378

381

380

382

383

384

385

386

387

388

389

390

391

392

393

394

395

38 Monkeys

396

397

398

399

400

401

402

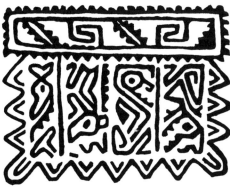

403

404

405

406

407

408

409

412

413

410

411

414

415

416

417

418

40 Human figures

419

420

421

422

423

424

425

426

427

428

429

430

431

432

433

434

436

435

437

438

439

440

441

442

42 Masks

443

444

445

446

447

448

449

450

451

452

453

Human & animal figures 43

454

455

456

457

458

459

460

461

462

463

464

465

44 Human figures

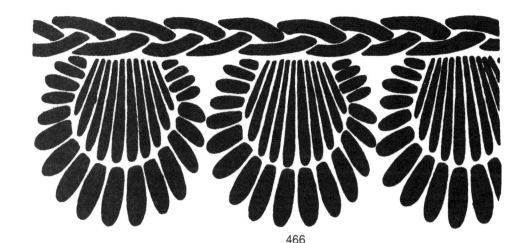

466

467

468

469

470

471

472

473 474 475 476 477 478 479 480 481 482 483 484 485

46 Wooden rattles

486

488

487

489

490

491

492

493

494

495

496

497

498

499

500

501

502

503

48 Sun / time / decorative motifs